D1730984

edition Lichtland

Deutsch-Tschechischer
Zukunftsfonds

Česko-německý
fond budoucnosti

Herausgegeben mit freundlicher Unterstützung des
Deutsch-Tschechischen Zukunftsfonds.

Vydáno s laskavým přispěním Česko-německého
fondu budoucnosti.

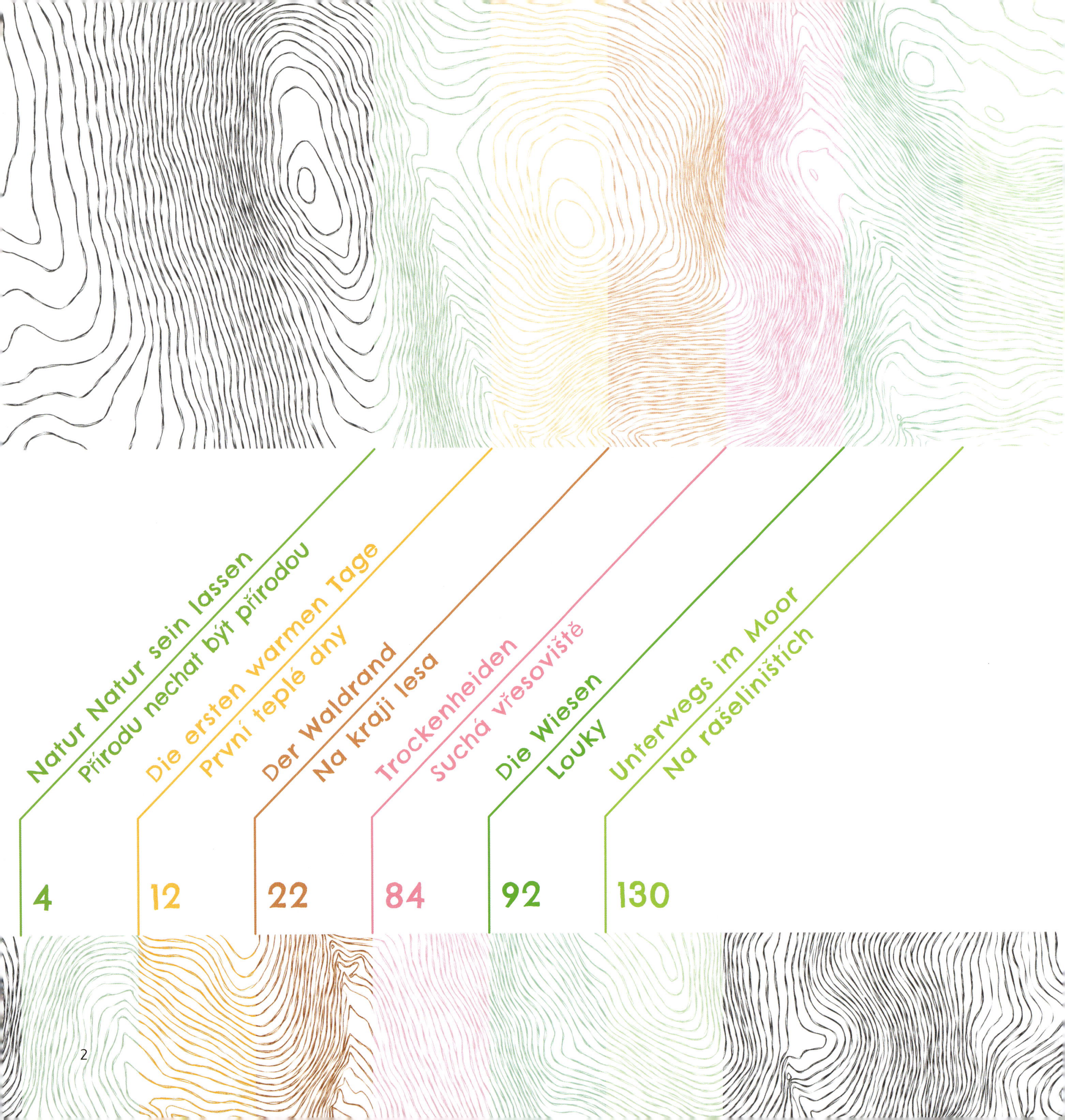


Natur Natur sein lassen
Přírodu nechat být přírodou
4

Die ersten warmen Tage
První teplé dny
12

Der Waldrand
Na kraji lesa
22

Trockenheiden
Suchá vřesoviště
84

Die Wiesen
Louky
92

Unterwegs im Moor
Na rašeliništích
130

Am Wasser / U vody 150

Versteckt im Wald / Schovaní v lese 168

Relikte / Relikty 204

Die Welt der Schleimpilze / Svět hlenek 218

Das Fichtentotholz / Smrkové tlející dřevo 242

# NATUR NATUR SEIN LASSEN

Im ältesten Nationalpark Deutschlands, dem Nationalpark Bayerischer Wald (gegründet am 7. Oktober 1970), gilt der Grundsatz „Natur Natur sein lassen".
Der Nationalpark setzt vor allem auf den Schutz von Lebensräumen. Die besonders geschützte Naturzone erstreckt sich über 75,37 Prozent der Gesamtfläche von 24.945 Hektar. Zusammen mit dem Nationalpark Šumava, der 1991 gegründet wurde und 68.460 ha groß ist, bildet sich so das größte zusammenhängende Waldschutzgebiet Mitteleuropas.
Die Naturzone bietet verschiedenste Lebensräume. Hochmoore, Geröllfelder, Trockenheiden, Urwaldstrukturwälder und das Fichtentotholz in den Hochlagen. Sie sind den unterschiedlichen Lebewesen eine sichere Heimat. Dazu zählen neben den großen und kleinen Säugern eine Vielzahl an Insekten, Spinnen, Pflanzen, Pilzen und allem, was sich dazwischen befindet.

In den beiden Nationalparken verbergen sich Welten, die oft übersehen werden, so klein oder so selten sind sie. Kryptische und gut getarnte Spinnen, die man im Vorbeigehen kaum wahrnimmt. Käfer, die mehr als hundert Jahre im Böhmerwald als verschollen galten.

# PŘÍRODU NECHAT BÝT PŘÍRODOU

V nejstarším německém národním parku, Národním parku Bavorský les (založeném 7. října 1970), platí zásada „přírodu nechat být přírodou". Národní park se zaměřuje především na ochranu přírodních stanovišť. Přírodní zóna zaujímá 75,37 procent z celkové rozlohy 24 945 hektarů. Spolu s Národním parkem Šumava, který byl založen v roce 1991 a má rozlohu 68 460 hektarů, tvoří největší souvislé chráněné lesní území ve střední Evropě.

Přírodní zóna nabízí širokou škálu biotopů. Vrchoviště, kamenná moře, suchá vřesoviště, pralesovité lesy a tlející smrkové dřevo. Tyto biotopy jsou bezpečným domovem pro velmi rozdílné tvory.

Vedle velkých a malých savců a ptáků k nim patří velké množství hmyzu, pavouků, rostlin, hub a mnoha dalších organismů.

Oba národní parky skrývají světy, které jsou často přehlíženy. Tak malé nebo vzácné jsou. Tajemné a dobře maskované pavouky, kterých si na procházce sotva všimnete. Brouky, kteří byli na Šumavě více než sto let považováni za vyhynulé.

# DIE ERSTEN WARMEN TAGE

Die Winter in den höheren Lagen der Nationalparke sind oft lange und sehr schneereich. Die heimischen Lebewesen sind diese harten Winter gewöhnt. Sobald sie Sonne tanken können, nehmen sie die Gelegenheit wahr. Dabei handelt es sich oft um Spinnen, die an toten, aber noch stehenden Bäumen leben. Wenn der Schnee verschwindet, zeigt sich eine atemberaubende Vielfalt der Natur. Der Klimawandel verändert sie.
Immer mehr Arten wandern in die höheren Lagen der Nationalparke ein.

# PRVNÍ TEPLÉ DNY

Zimy ve vyšších polohách národních parků jsou často dlouhé a velmi sněhové. Místní živočichové jsou na drsné klima zvyklí. Ale když se mohou vyhřívat na slunci, tak tuto příležitost nikdy nepromarní. Často se jedná o pavouky, kteří žijí na odumřelých, ale stále stojících stromech. Když sníh zmizí, odhalí se úchvatná druhová rozmanitost. Změna klimatu ji mění. Stále více druhů se stěhuje do vyšších nadmořských výšek národních parků.

# Baldachinspinnen

Baldachin- und Zwergspinnen sind die ersten Spinnen im Frühjahr.

Baldachinspinnen bauen ihre Netze oft in Bodennähe oder an niedrigen, kleinen und verzweigten Ästen. Es ist kein typisches Radnetz, sondern ein horizontal gespanntes, leicht gewölbtes Gespinst, in dem die Spinnen kopfüber lauern.

*Drapetisca socialis* – Abbildung rechts – zählt zu den häufigsten Vertretern dieser Familie. Wegen ihrer geringen Größe und der perfekten Tarnung ist sie oft nur schwer zu entdecken. Die Art lebt an Baumstämmen und spinnt dort ein sehr feines Netz direkt an der Rinde. Kommt ein Beutetier den Stamm entlang und berührt das Netz, schlägt die Spinne blitzschnell zu.

# Plachetnatkovití

Jako první se na jaře objevují pavouci čeledi plachetnatkovití.

Plachetnatkovití často stavějí své sítě blízko země nebo na nízkých, malých a rozvětvených větvích. Nejedná se o typickou pavučinu v podobě kola, ale o vodorovně nataženou, mírně vyklenutou pavučinu, v níž pavouci číhají hlavou dolů.

Plachetnatka nákorní (*Drapetisca socialis*) – na obrázku vpravo – je jedním z nejběžnějších zástupců této čeledi. Díky své malé velikosti a dokonalému maskování je často obtížné ji spatřit. Tento druh žije na kmenech stromů a spřádá velmi jemnou síť přímo na kůře. Pokud se po kmeni přibližuje kořist a dotkne se sítě, pavouk bleskově udeří.

LINYPHIIDAE

### Zackenbandgrossweber

Ein Jungtier der Art *Neriene peltata*. Abends, unterwegs im dichtem Wald. Die Sonne strahlt gerade noch über die Berggipfel in den Wald. Aber es ist immer noch eisig. Zu dieser Zeit sieht man die Netze der Art im Licht funkeln. Mit etwas Glück sitzt dann auch eine Bewohnerin im Zentrum. Zum Schutz vor starkem Wind oder Niederschlägen zieht sie sich unter die Rinde oder deren Schuppen zurück.

### Plachetnatka vlnopruhá

Mladá plachetnatka vlnopruhá. Mrazivý večer, na cestě v hustém lese. Slunce jen taktak ještě svítí přes vrcholky do lesa. V tuto dobu můžete vidět ve světle se třpytící sítě tohoto pavouka. S trochou štěstí bude uprostřed sedět její obyvatel. Aby se ochránili před silným větrem nebo srážkami, ukrývají se tito pavouci pod šupinami kůry.

# Laufspinnen

Sobald die Sonne genug Kraft besitzt, um die ersten Baumstämme zu wärmen, kommen auch die Flachstrecker aus ihren Winterlagern unter der Rinde toter Bäume hervor. Viele haben noch den Panzer des Vorjahres mit Lücken von verlorenen Schuppenhaaren und ausgebleichten Farben.

Weil dieser Panzer nicht mitwächst, müssen sich Flachstrecker, wie alle anderen Spinnenarten, häuten. Das passiert aber erst später im Frühjahr bei freundlicheren Temperaturen.

Flachstrecker sind sogenannte Lauerjäger und verharren oft mehrere Stunden regungslos am Baumstamm oder Ast.
Sie warten geduldig auf Insekten, aber auch auf andere Spinnen, die ihnen zu nahe kommen. Dann geht alles blitzschnell. Die Spinne stürzt sich auf die Beute, betäubt und verzehrt sie.

# Listovníkovití

Jakmile má slunce dost síly, aby trochu ohřálo kmeny, začnou ze svých zimovišť pod kůrou odumřelých stromů vylézat také listovníkovití. Mnozí z nich mají touto dobou ještě loňskou kutikulu s poztrácenými šupinami a vybledlým zbarvením.

Protože kutikula neroste spolu s nimi, musí listovníkovití, stejně jako všechny ostatní pavoučí druhy, svou kůži svlékat. K tomu však dochází až později na jaře, kdy jsou teploty příznivější.

Listovníkovití jsou tzv. číhající lovci. Často zůstávají nehybně ležet na kmenech stromů nebo větvích i několik hodin. Trpělivě čekají na hmyz, ale také na jiné pavouky, kteří se k nim přiblíží. Pak je vše otázkou okamžiku. Pavouk se vrhne na kořist, zabije ji a vysaje.

PHILODROMIDAE

*Philodromus fuscomarginatus*

**Fuchsroter Rindenflachstrecker**

Ein frisch gehäutetes Weibchen, mit besonders leuchtenden Farben. Fuscomarginatus ist im Böhmerwald an den Überresten senkrecht stehender Baumstümpfe zu finden. Diese bieten den perfekten Lebensraum und ergiebige Jagdgründe für diese Spinnen. Bei Gefahr ziehen sie sich blitzschnell unter die Überreste von Rinde oder in die Spalten im Totholz zurück. Nicht immer haben die Spinnen leuchtende Farben. Viele sind beige und grau.

**Listovník podkorní**

Bezprostředně po svlékání září samice obzvláště jasnými barvami. Listovník podkorní se na Šumavě vyskytuje na pahýlech stojících souší. Ty jsou pro tyto pavouky ideálním prostředím a lovištěm. V případě nebezpečí se bleskově stáhnou pod zbytky kůry nebo do štěrbin v tlejícím dřevě. Pavouci nejsou vždy pestře zbarvení. Mnozí jsou béžoví a šedí.

# DER WALDRAND

Die Waldränder in den Nationalparken zählen zu den beliebtesten Lebensräumen. Vor allem wärmeliebende Arten fühlen sich hier wegen der niedrigen Vegetation und der Sonneneinstrahlung wohl. Sowohl das Gebüsch als auch der Waldboden selbst sind voll von Leben.

# NA KRAJI LESA

Mezi vyhledávaná stanoviště v našich národních parcích patří lesní okraje. Zejména teplomilné druhy se zde cítí dobře díky nízké vegetaci a slunečnímu svitu. Keře i samotná lesní půda jsou plné života.

## Springspinnen

Springspinnen gibt es in den unterschiedlichsten Habitaten. Vor allem findet man sie an warmen, von der Sonne beschienenen Orten. Egal ob im Wald, auf Sandheiden oder im Hochmoor - sie leben meist in der niedrigen Vegetation des jeweiligen Lebensraumes. In den für die Nationalparke typischen Totholzflächen haben sich einige seltene Arten angesiedelt.

Salticidae haben einen für Spinnen extrem hoch entwickelten Sehsinn. Mit den großen Hauptaugen können sie scharf sehen. Das macht die Interaktion mit den Tieren sehr interessant. Durch die Verschiebung der Retina kann das Sehfeld der Spinne über die Nebenaugen erweitert werden. Das bedeutet, dass sich die Spinne umsehen kann, ohne den ganzen Körper bewegen zu müssen. Dieser ausgeprägte Sehsinn ist zum Erkennen möglicher Fressfeinde genauso hilfreich, wie bei der Balz und bei der Jagd.

## Skákavkovití

Skákavkovití se vyskytují na nejrůznějších stanovištích, především na teplých, sluncem osvícených místech. Ať už v lese, na písčitých vřesovištích nebo na vrchovištích, obvykle žijí v nízké vegetaci příslušného biotopu. Některé vzácné druhy se usadily v rozpadlých lesích typických pro národní parky.

Skákavkovití mají na pavouky mimořádně dobře vyvinutý zrak. Vidí ostře svýma velkýma hlavníma očima. Díky tomu je interakce s těmito zvířaty velmi zajímavá. Posunutím sítnice může pavouk své zorné pole rozšířit na sekundární oči. Skákavky se tak mohou ohlížet, aniž by musely hýbat celým tělem. Takto vyvinutý zrak je užitečný při rozpoznávání možných predátorů stejně jako při námluvách a lovu.

# SALTICIDAE

**Heranwachsen**

Wie alle Spinnenarten häuten sich Salticidae während ihres Wachstums.

Erst mit der letzten Häutung vor der Geschlechtsreife kommen bei den Männchen die auffälligen Farben und Musterungen hervor. Am Beispiel rechts sieht man ein noch nicht ausgewachsenes, männliches Tier der Art *Euophrys petrensis*. Die Haare unter den Augen haben noch keine Farbe. Nur der Körper ist leicht orange gefärbt. Einige Wochen später haben sich die meisten Männchen gehäutet. Rechts unten sieht man die prächtige orange Färbung kurz nach der Häutung.

Auf Seite 29 sieht man die etwas extremere Veränderung der Männchen von *Aelurillus v-insignitus* aus. Hier sehen die jungen Männchen (rechts unten) den meist etwas besser getarnten Weibchen bis zur letzten Häutung vor der Geschlechtsreife sehr ähnlich.

Einer der wenigen Anhaltspunkte, um zu erkennen, ob es sich um ein Männchen oder um ein Weibchen handelt, sind die Taster. Bei Männchen sind diese etwas stärker ausgeprägt als bei Weibchen. In dieser Phase spricht man von subadulten Tieren. Mit der nächsten Häutung sind die Tiere dann geschlechtsreif.

**Dospívání**

Stejně jako všechny ostatní druhy pavouků, i Salticidae během růstu svlékají kůži.

Teprve při posledním svlékání před pohlavní dospělostí se u samců objevují nápadné barvy a vzory. Příklad vpravo ukazuje ještě ne zcela dospělého samce skákavky bělovousé. Chloupky pod očima ještě nejsou zbarvené. Pouze tělo je mírně oranžové. O několik týdnů později se většina samců znovu svlékne. Vpravo dole je vidět nádherné oranžové zbarvení krátce po svlékání.

Na straně 29 můžete vidět ještě extrémnější změnu u samců skákavky znamenané. Mladí samci (vpravo dole) vypadají až do posledního svlékání před pohlavní dospělostí velmi podobně jako obvykle lépe maskované samice.

Jedním z mála vodítek k rozeznání samců od samic jsou jejich makadla. U samců jsou o něco výraznější než u samic. V této fázi hovoříme o pohlavně nezralých zvířatech. Při dalším svlékání jsou jedinci pohlavně dospělí.

### Jagd und Beute

Das Spektrum an Beutetieren ist ziemlich breit. Durch ihren hoch entwickelten Sehsinn sind Springspinnen den meisten anderen Insekten und Spinnentieren überlegen.

Je größer die Beute, desto höher ist jedoch das Risiko, selbst zur Mahlzeit zu werden. Die kleineren Arten machen häufig Jagd auf Springschwänze, die oft noch kleiner als sie selbst sind.

Bei den größeren Arten ist die Beute oft größer als die Jägerin. Springspinnen schleichen sich bis auf wenige Zentimeter an und nutzen dann ihre Sprungfähigkeit, um das Beutetier zu überraschen.

### Lov a kořist

Spektrum jejich kořisti je poměrně rozmanité. Díky svému dobře vyvinutému zraku mají skákavkovití nad většinou ostatního hmyzu a pavoukovců navrch.

Čím větší je však kořist, tím větší je riziko, že se sám stanete potravou. Malé druhy často loví chvostoskoky, kteří jsou většinou menší než oni sami.

U velkých druhů je kořist často větší než lovec. Skákavkovití se přikradou na vzdálenost několika centimetrů a pak využijí své skákací schopnosti a kořist překvapí.

Beim Springen strecken die Springspinnen die Hinterbeine innerhalb weniger Millisekunden, sodass sie nach vorne schnellen. Auslöser ist eine schnelle Änderung des Hämolymphdruckes.
Das Springen ist quasi eine Art hydraulischer Mechanismus, welcher sich in den Beinen der Springspinnen befindet.

Při skoku pavouk během několika milisekund natáhne zadní nohy, což ho vymrští dopředu. Vyvoláno to je rychlou změnou tlaku hemolymfy. Skákání je vlastně jakýsi hydraulický mechanismus, který se nachází v nohách skákavkovitých.

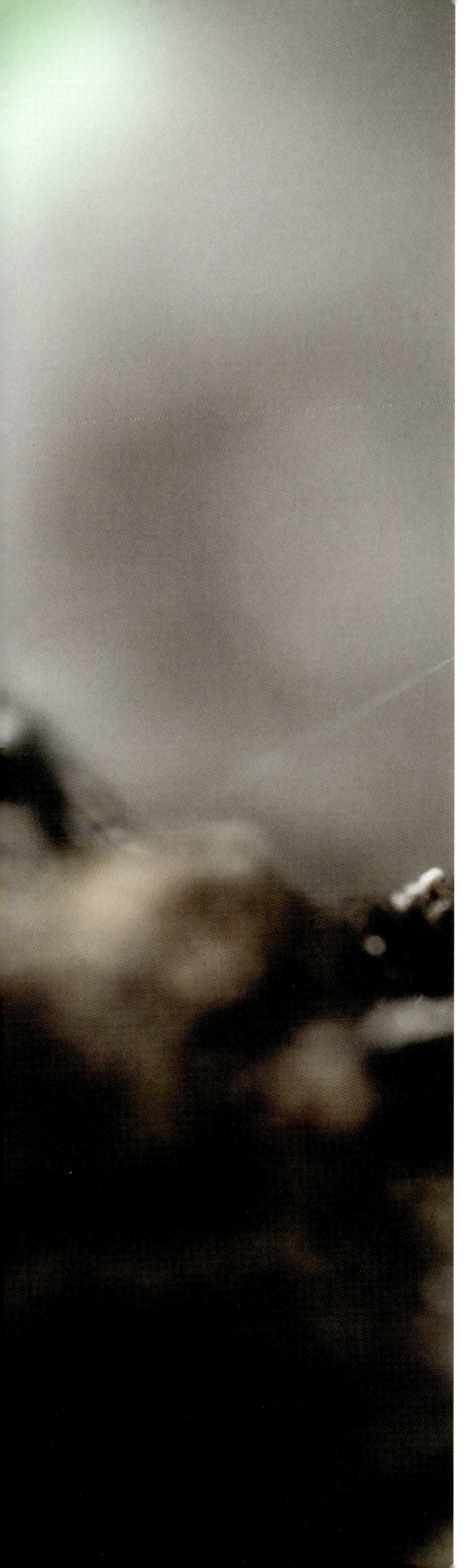

## Balzverhalten

Der stark ausgebildete Sehsinn der Springspinnen ist auch bei der Balz von großer Bedeutung. Die Männchen führen dabei einen Balztanz vor dem Weibchen auf, um dessen Aufmerksamkeit zu erlangen. Während dieses Tanzes versucht das Männchen sich vorsichtig dem Weibchen zu nähern. Das ist nicht immer ungefährlich.
Teilweise kommt es vor, dass die deutlich größeren Weibchen die Männchen angreifen.

## Námluvy

Výborně vyvinutý zrak těchto pavouků má velký význam i při námluvách. Aby upoutali samiččinu pozornost, předvádějí před ní samci namlouvací tanec. Během tohoto tance se samec velmi opatrně přibližuje k samici, což pro něj není zrovna bezpečné.
Někdy se stává, že mnohem větší samice samce napadne.

**BUNTER SICHELSPRINGER**

An fast allen Waldrändern und Lichtungen ist *Evarcha falcata* zu finden. Sie gehört zu den bei uns am häufigsten vorkommenden Arten. Meistens hält sich diese Spinne im Gebüsch auf und wartet dort auf ihre Beute. Nähert man sich ihr unvorsichtig, zieht sie sich blitzschnell auf die Unterseite eines Blattes zurück und kommt erst wieder nach oben, wenn die Gefahr vorüber ist.

**SKÁKAVKA OBECNÁ**

Skákavka obecná se vyskytuje téměř na všech lesních okrajích a mýtinách. Je to jeden z nejběžnějších druhů. Většinu času se tento pavouk zdržuje v křoví, kde čeká na kořist. Pokud se k němu příliš rychle přiblížíte, bleskově se stáhne na spodní stranu listu. Zpět nahoru se vrátí, až když se cítí v bezpečí.

## *Heliophanus cupreus*

**Kupfriger Sonnenspringer**

Eine Springspinne, die man gerade an warmen Stellen sehr häufig sehen kann. An den typischen neongrünen Tastern, den schwarzen Linien entlang der Beine und ihrer Hinterleibszeichnung kann man sie von den anderen Arten der Gattung Heliophanus unterscheiden. *Heliophanus dampfi* hat im Vergleich zu ihr keine Hinterleibs- oder Beinzeichnungen.

**Skákavka měděná**

Skákavka, která se vyskytuje velmi často, zejména na teplých místech. Od ostatních druhů rodu Heliophanus ji lze odlišit podle typických neonově zelených makadel, černých linií podél nohou a podle znaků na zadečku. Skákavka rašelinná nemá oproti ní na břiše a nohách žádné zvláštní znaky.

## *Heliophanus dubius*

**Grünlicher Sonnenspringer**

*Heliophanus dubius* findet man an sonnenbeschienenen Orten in allen möglichen Habitaten. Oft halten sich die Tiere an den Stümpfen abgestorbener Fichten auf. Hier sonnen sie sich in den Morgenstunden. Bei Gefahr ziehen sie sich schnell in die Spalten des Totholzes zurück.

**Skákavka lesklá**

Skákavka lesklá se vyskytuje na osluněných místech všech typů stanovišť. Často se zdržuje na pařezech odumřelých smrků. Zde se v ranních hodinách vyhřívá. V případě ohrožení se rychle stahuje do štěrbin.

**Stein-Sonnenspringer**

Eine der größeren Arten der Springspinnen, die in den Nationalparken zu finden sind. 2017 wurde diese Art zum ersten Mal auf einem Granitfeld nachgewiesen. Sie ist wegen ihrer Körpergröße von knapp sieben Millimetern aufgefallen. Diese Spinnen weben sich wie andere Arten im Geröllfeld unter Felsen und Steinen ein Gespinst in Form eines Sackes.

**Skákavka bronzová**

Jeden z větších druhů skákavek vyskytujících se na Šumavě. V roce 2017 byl tento druh poprvé zjištěn na kamenném moři. Pozornost upoutal velikostí těla kolem sedmi milimetrů. Stejně jako ostatní pavouci kamenných moří tkají i oni kapsy ze sítí pod kameny a skalami.

*Aelurillus v-insignitus*

**V-Fleck-Springspinne**

Die V-Springspinne ist überall auf den Lichtungen oder am Waldrand zu finden. Männliche Tiere sind leicht durch das „V" auf ihrer Stirn zu erkennen.

Bei den Weibchen ist dieses Zeichen unscheinbarer. Die Reaktionen beim Fotografieren sind von Spinne zu Spinne sehr unterschiedlich. Weibchen sind in der Regel eher zutraulich und neugierig, Männchen meist vorsichtiger.

**Skákavka znamenaná**

Skákavku znamenanou lze najít všude na mýtinách nebo na okrajích lesů. Samce lze snadno rozpoznat podle písmene „V" na čele.

U samic je toto znamení méně nápadné. Při fotografování reagují jednotliví pavouci velmi rozdílně. Samice jsou obvykle důvěřivější a zvědavější, samci opatrnější.

# Kreuzottern

Dieses stark gefährdete Reptil ist selten geworden. Nester zu finden, in denen sich die Weibchen von der Paarung im Frühjahr bis zur Geburt aufhalten, erfordert Glück. Die Männchen sind unsteter. Manchmal sind sie im Nest. Oft mitten am Weg.

Kreuzottern sind giftig, aber nicht aggressiv. Sie greifen nur an, wenn sie in die Enge getrieben werden.

Bevor es überhaupt zu einem Biss kommt, versuchen die Schlangen schnellstmöglich das Weite zu suchen. Nur wenn man sie an der Flucht hindert oder sie verletzt, versuchen sie zu beißen. Das Gift kann allergische Reaktionen hervorrufen. Eine Blutvergiftung oder eine Entzündung der Wunde können eine weitere Folge eines Schlangenbisses sein.

Kreuzottern lassen sich am besten aus der Ferne beobachten. Sie reagieren sehr empfindlich auf Erschütterungen und spüren schon normale menschliche Schritte.

# Zmije obecná

Tento silně ohrožený plaz je dnes již vzácný. Pokud má člověk štěstí, najde hnízdo, ve kterém samice zůstávají od páření na jaře až do porodu. Samci jsou nestálí. Někdy jsou v hnízdě. Často jsou přímo na cestě.

Zmije jsou jedovaté, ale nejsou agresivní. Zaútočí, jen když jsou zahnány do kouta. Než had kousne, snaží se nejdříve co nejrychleji zmizet. Pouze pokud jim zabráníte v útěku nebo je zraníte, pokusí se kousnout. Jed může způsobit alergickou reakci. Dalším následkem hadího uštknutí může být otrava krve nebo zanícení rány.

Nejlepší je pozorovat zmije zpovzdálí. Jsou velmi citlivé na vibrace a vnímají i normální lidské kroky.

# VIPERA BERUS

# Laufkäfer und Sandlaufkäfer

Wie der Name bereits vermuten lässt, handelt es sich bei diesen Käfern um besonders aktive Zeitgenossen. Rechts sieht man einen Vertreter der Familie der Sandlaufkäfer (Cicindelinae). Es gibt unterschiedliche Ansichten darüber, ob Sandlaufkäfer eine eigene Familie bilden oder nicht.

Bei dem hier abgebildeten Käfer handelt es sich um *Cicindela sylvicola*. Diese Käfer sind äußerst flink und man kommt nur mit sehr viel Geduld an sie heran. Sie sind Jäger und ernähren sich von anderen Insekten.

# Střevlíkovití a svižníci

Jak už název napovídá, tito brouci jsou mimořádně aktivní. Vlevo vidíte zástupce čeledi svižníků (Cicindelinae). Panují různé názory na to, zda svižníci tvoří vlastní čeleď, nebo ne.

Brouk na obrázku je svižník lesomil. Tito brouci jsou velmi hbití. Dostanete se k nim jen s velkou dávkou trpělivosti. Jsou to lovci, kteří se živí hmyzem.

# Carabidae & Cicindelinae

*Cicindela campestris*

**Feld-Sandlaufkäfer**

Der grüne Sandlaufkäfer fliegt im Verlauf des Jahres in mehreren Generationen. Man findet ihn oft auf Sandwegen oder alten Rückegassen. Wenn man sich diesen Käfern nicht vorsichtig nähert, fliegen sie einige Meter weiter und setzen sich wieder auf den Boden. Bei warmen Temperaturen sind sie sehr aktiv.

**Svižník polní**

Svižník polní má během roku několik generací. Často se vyskytuje na písčitých cestách nebo starých přibližovacích linkách. Pokud se k těmto broukům přiblížíte neopatrně, uletí o několik metrů dál a usadí se zpět na zem. Při vyšších teplotách jsou velmi aktivní.

# Bockkäfer

Eine besonders häufig am Waldrand vertretene Familie der Käfer sind die Bockkäfer. Ihre Larven entwickeln sich abhängig von der Art sowohl im toten als auch im lebenden Holz. Deshalb werden sie oft als Schädlinge betrachtet. Die größten Chancen Bockkäfer zu beobachten, hat man im Frühjahr und Frühsommer.

Viele unter ihnen zählen zu den farbenprächtigsten Käfern der Nationalparke. Einer davon ist der rechts abgebildete Leiterbock.

# Tesaříkovití

Velmi častou čeledí brouků lesních okrajů jsou tesaříkovití. V závislosti na druhu se jejich larvy vyvíjejí v tlejícím i živém dřevě. Proto jsou často považováni za škůdce. Nejlepší šance pozorovat tesaříkovité jsou na jaře a na začátku léta.

Mnozí z nich patří k nejpestřeji zbarveným broukům národních parků. Jedním z nich je vpravo vyfocený kozlíček mramorový.

# CERAMBYCIDAE

*Saperda scalaris*

**Leiterbock**

Der Leiterbock ist durch seine auffällige Zeichnung leicht zu erkennen. Dieses Weibchen sitzt auf einer umgestürzten Pappel. Es wird hier auch die Eier ablegen.

**Kozlíček mramorový**

Kozlíčka mramorového snadno rozeznáme podle nápadných znaků. Tato samice sedí na padlém topolu, do kterého také naklade vajíčka.

*Aromia moschata*

**Moschusbock**

Der Moschusbock verdankt seinen Namen der Fähigkeit, ein nach Moschus riechendes Sekret absondern zu können. Früher hat man damit zum Beispiel Pfeifentabak parfümiert.

**Tesařík pižmový**

Tesařík pižmový vděčí za své jméno schopnosti vylučovat pižmově páchnoucí sekret. V minulosti se používal například k parfémování dýmkového tabáku.

# *Plagionotus arcuatus*

**Eichenwidderbock**

Tesařík dubový

*Callidium aeneum*

**Blaufarbener Scheibenbock**

Tesařík kovový

## *Rhagium bifasciatum*

**Gelbbindiger Zangenbock**

Tesařík dvoupásovaný

## *Rhagium mordax*

**Schwarzfleckiger Zangenbock**

Kousavec hlodavý

# Krabbenspinnen

Krabbenspinnen sind perfekt angepasste Lauerjäger. Manche Mitglieder dieser Familie können sogar ihre Farbe an den Hintergrund anpassen.

Zur Fortbewegung nutzt diese Art Fäden, welche durch den Wind getrieben an einem anderen Baum oder Gegenstand landen und dort kleben bleiben. Diese Art „fischt" so nach ihrem nächsten Wanderziel.

Nach einiger Zeit wird der Faden wieder eingeholt. Sollte er kleben geblieben sein, spannt ihn die Spinne und krabbelt daran entlang zum Ziel.

Krabbenspinnen verharren oft mehrere Tage auf der selben Blüte, wenn diese die gewünschten Jagderfolge bringt. Regungslos warten sie hier bis die Beute so nahe ist, dass die Spinnen blitzschnell zuschlagen können.

# Běžníkovití

Běžníkovití jsou dokonale přizpůsobení číhavému lovu. Někteří příslušníci této čeledi jsou dokonce schopni přizpůsobit barvu svého těla podkladu, na kterém se nacházejí.

Přemísťují se pomocí vypuštěných vláken, která nesena větrem přistanou na jiném stromě nebo předmětu a přilepí se k němu. Takto pavouk „loví" svůj příští poutní cíl.

Po nějaké době vlákno opět navine. Když zůstane přilepené, pavouk ho natáhne a leze po něm na své nové loviště.

Běžníkovití často zůstávají na stejném květu i několik dní, pokud jim přináší kýžený lovecký úspěch. Nehybně zde čekají, dokud se kořist nepřiblíží natolik, že mohou bleskurychle zaútočit.

*Misumena vatia*

### Veränderliche Krabbenspinne

Die Veränderliche Krabbenspinne kann ihre Körperfarbe aktiv wechseln. Zumindest die Weibchen besitzen diese außergewöhnliche Fähigkeit. Die Farbpalette reicht von Weiß und Gelb bis zu Grüntönen.

Die Farbe wird an den Untergrund angepasst. Das dauert allerdings. Erst nach drei bis vier Tagen ist der Farbwechsel vollzogen. Die Spinnen nutzen dabei einen in die Zellen eingelagerten gelben Farbstoff. Er tarnt sie bei der Jagd in den Blüten von Margeriten oder Arnika. Am Waldrand sieht man sie auch auf Disteln.

### Běžník kopretinový

Běžník kopretinový je schopen aktivně měnit barvu svého těla. Přinejmenším samice mají tuto mimořádnou schopnost. Barevná paleta sahá od bílé a žluté až po nazelenalé tóny.

Barvou se přizpůsobují podkladu. Vyžaduje to však dost času. Barevná změna je ukončena až po třech nebo čtyřech dnech. Pavouci k tomu používají žluté barvivo, které je uloženo v buňkách. Při lovu se tak maskují v květech kopretin nebo prhy arniky. Na kraji lesa je lze spatřit také na bodlácích.

*Diaea dorsata*

### Grüne Krabbenspinne

Die Grüne Krabbenspinne ist die im Böhmerwald häufigste Vertreterin dieser Familie. Dem typischen Jagdverhalten geht diese Spinne in Blüten und an niedrigen Ästen nach.

### Běžník zelený

Nejběžnějším zástupcem této čeledi na Šumavě je běžník zelený. Typický je pro něj lov v květech a na nízkých větvích.

## Micrommata virescens

### Grüne Huschspinne

Die Grüne Huschspinne gehört zu den Riesenkrabbenspinnen, den Sparassidae. Links sieht man ein frisch gehäutetes Weibchen und rechts das Männchen.

### Maloočka smaragdová

Maloočka smaragdová patří mezi maloočkovité, latinsky Sparassidae. Vlevo je čerstvě převlečená samička a vpravo samec.

## *Xysticus cristatus*

**Braune Krabbenspinne**

**Běžník obecný**

## *Xysticus ulmi*

**Sumpfkrabbenspinne**

**Běžník mokřadní**

# Slíďákovití

Slíďákovití jsou velmi hbití a aktivní pavouci, které lze nalézt na lesní půdě, na tlejícím dřevě a na skalách. Zástupci této čeledi nosí své potomky v kokonech na zadečku až do jejich prvního svlékání.

Umějí spřádat vlákno, kterým se jistí při šplhání a kterým znehybňují svou kořist.

Tyto pavouky lze pozorovat po celý rok. Přiblížit se k nim je však vždy náročné. Jsou totiž velmi rychlí. A samice s mláďaty jsou ještě ostražitější než samci.

# Wolfsspinnen

Wolfsspinnen sind extrem flinke und aktive Spinnen, die am Waldboden, am Totholz und auf Felsen zu finden sind. Ihren Nachwuchs tragen die Mitglieder dieser Familie bis zur ersten Häutung auf dem Hinterleib.

Sie können einen Faden spinnen, mit dem sie sich beim Klettern absichern und ihre Beute fixieren.

Diese Spinnen sind das ganze Jahr über zu beobachten. Es ist allerdings jedes Mal eine Herausforderung ihnen nahe zu kommen. Sie sind sehr schnell. Und Weibchen mit Jungtieren sind noch um einiges wachsamer, als die Männchen.

# LYCOSIDAE

## *Pardosa lugubris*

**Trauerwolfsspinne**

Sie ist die häufigste Wolfsspinne im Wald. Trauerwolfsspinnen leben das ganze Jahr über an warmen Waldrändern und auf Lichtungen. Dieses Weibchen war im Sommer mit der ganzen Kinderstube unterwegs. Das Muttertier beschützt den Nachwuchs bis zur ersten Häutung. Dann gehen die Jungspinnen eigene Wege.

**Slíďák hajní**

Je to nejběžnější slíďák v lese. Slíďáci hajní žijí celý rok na teplých lesních okrajích a na mýtinách.
Tato samice byla v létě venku s celou školkou. Matka chrání mláďata až do prvního svlékání. Poté jdou mladí pavouci svou vlastní cestou.

*Xerolycosa nemoralis*

**Grosser Sonnenwolf**

Eine häufig anzutreffende Spinne. Hier handelt es sich um ein Männchen. Es ist an den weißen Vorderläufen und den verdickten Tasten zu erkennen. Im Böhmerwald leben sogar zwei Reliktarten der Wolfsspinnen. Weil sie wie ein Fenster in die Vergangenheit sind, haben sie gegen Ende des Buches ein eigenes Kapitel.

**Slíďák světlinový**

Často se vyskytující pavouk. Toto je samec. Pozná se podle bílých předních končetin a zesílených makadel. Na Šumavě žijí dokonce dva reliktní druhy slíďákovitých. Protože jsou jako okno do minulosti, mají ke konci knihy vlastní kapitolu.

## *Pardosa alacris*

### Flinker Laufwolf

### Slíďák hájový

*Philodromus aureolus*

**Goldgelber Flachstrecker**

Listovník zlatoleský

*Callimorpha dominula*

**Schönbär**

Přástevník hluchavkový

# TROCKEN HEIDEN

Im Gebiet der Nationalparke finden sich auch einige Trockenheiden. Im Sommer bieten sie besonders wärmeliebenden Arten einen perfekten Lebensraum. Auf einer Trockenheide ist es meist extrem heiß, weil sich der dunkle, sandige Boden schnell aufwärmt und die Wärme gut speichert.

# SUCHÁ VŘESOVIŠTĚ

Na území národních parků se nacházejí také suchá vřesoviště. V létě jsou ideálním prostředím pro zvláště teplomilné druhy. Na suchém vřesovišti je obvykle velmi teplo, protože tmavá písčitá půda se rychle zahřívá a dobře akumuluje teplo.

*Talavera aequipes*

**Gewöhnlicher Ringelbeinspringer**

Mit einer Körpergröße von gerade einmal zwei Millimetern ist das die kleinste Springspinne in den Nationalparken.
Man findet sie an trockenen, sehr warmen, sandigen und mit Moos bedeckten Flächen.Trotz ihrer geringen Größe ist diese Art sehr neugierig. Der Gewöhnliche Ringelbeinspringer läuft ohne Probleme auf ein Objektiv zu und springt sogar darauf herum.

**Skákavka ulitová**

S velikostí těla pouhé dva milimetry je skákavka ulitová nejmenší skákavkou národních parků.
Vyskytuje se na suchých, velmi teplých, písčitých místech porostlých mechem. Navzdory své velikosti je tento druh velmi zvědavý a nedělá mu problém jít prozkoumat objektiv nebo po něm dokonce skákat.

*Phlegra fasciata*

**Gebänderter Bodenspringer**

*Phlegra fasciata* wurde 2019 zum ersten Mal im Nationalpark Bayerischer Wald nachgewiesen. Sie ist besonders wärmeliebend und eine der größeren Spinnen. Man trifft sie auf Sandheiden.

**Skákavka stužkovitá**

V roce 2019 byla v Národním parku Bavorský les poprvé zaznamenána skákavka stužkovitá. Má ráda teplo a patří mezi větší pavouky. Vyskytuje se na písčitých vřesovištích.

*EUOPHRYS FRONTALIS*

### GEWÖHNLICHER SCHÖNBRAUSPRINGER

Diese Art lebt an trockenen und sehr warmen Orten überall in den Nationalparken. Sie ist vor allem um die Mittagszeit zu beobachten und nicht leicht zu fotografieren. Neben *Synageles venator* zählt sie zu den aktivsten Springspinnen in dieser Sammlung.
In der Nähe von Heidelbeeren versteckt sie sich gerne im Wurzelgeflecht. Sekunden später kommt sie an einer anderen Stelle hervor.

### SKÁKAVKA BĚLOVLASÁ

Skákavka bělovlasá žije na suchých a velmi teplých místech po celém území národních parků. Často se objevuje kolem poledne. Tohoto pavouka není snadné vyfotografovat. Spolu se skákavkou štíhlou patří k nejaktivnějším skákavkám v této sbírce.
Ráda se schovává v kořenovém systému borůvek a po několika vteřinách se vynoří na jiném místě.

# DIE WIESEN

Neben den weit gestreckten Wäldern gibt es in den Nationalparken noch bis spät in den Herbst hinein lebhafte Wiesen und Weiden. Sie werden nicht oder nur extensiv bewirtschaftet. Für viele Tiere sind sie ein wichtiger Zufluchtsraum. Intensiv bewirtschaftete Flächen wären längst abgemäht, gedüngt und ein weitgehend toter Lebensraum.

# LOUKY

Vedle rozsáhlých lesů se v národních parcích nacházejí až do konce podzimu rušné louky a pastviny. Buď se na nich nehospodaří, nebo se na nich hospodaří jen extenzivně. Pro mnoho živočichů jsou důležitým útočištěm. Intenzivně obhospodařované plochy by byly již dávno pokoseny, pohnojeny a staly by se z velké části mrtvým biotopem.

# Rüsselkäfer

Sie sind eine extrem artenreiche Familie, die man meist auf den Wiesen und Weiden am Rand der Nationalparke finden kann. Den namensgebenden Rüssel verwenden sie zum Bohren. An dessen Spitze befindet sich nämlich die Mundpartie der Insekten.

Hier rechts abgebildet ist der Große Distelrüssler, *Larinus sturnus*. Im Frühjahr sind Disteln mit diesen Käfern oft übersät.

# Nosatcovití

Jedná se o druhově velmi bohatou čeleď, jejíž zástupci se vyskytují především na loukách a pastvinách národních parků. Díky neobvyklé stavbě těla je snadné tyto brouky zařadit do čeledi. Dlouhým nosem, který jim dal jméno, se zavrtají do rostlin. Ústa se totiž nacházejí na špičce nosu.

Na obrázku vpravo je *Larinus sturnus*. Na jaře jsou bodláky těmito brouky často úplně obsypané.

# CURCULIONIDAE

*Cionus hortulanus*

**Garten-Blattschaber**

Divizníček zahradní

*Cionus scrophulariae*

**Weissschildiger Braunwurzschaber**

Divizníček krtičníkový

*Orobitis cyaneus*

*Byctiscus populi*

**Pappelblattroller**

Der Pappelblattroller ist ein Verwandter der Rüsselkäfer.
Er zählt zur Familie der Blattroller. Die Weibchen rollen, wie der Name vermuten lässt, die Blätter der Pappel zu Hülsen.
Die Pappelrolle ist für das Brutgelege Schutz und für die Larven Nahrung.

**Zobonoska topolová**

Zobonoska topolová je příbuzná nosatcovitých. Patří do čeledi zobonoskovitých. Jak už název napovídá, žije na topolech, kde samičky svinují listy do útvarů podobných luskům. Ty slouží jako ochrana vajíček a potrava pro larvy.

## *Otiorhynchus morio*

**Schwarzbeiniger Dickmaulrüssler**

Lalokonosec *O. morio*

## *Protapion assimile*

**Gewöhnlicher Klee-Spitzmausrüssler**

Nosatčík trnitý

## *Polydrusus formosus*

**Seidiger Glanzrüssler**

Listopas hedvábitý

# Radnetzspinnen

Die Radnetzspinnen sind die bekannteste Familie der Spinnen. Mitglieder dieser Familie weben das typische Spinnennetz. Im Spätsommer und im Herbst verleiht es den von Tau bedeckten Wiesen ihre ganz eigene Schönheit. Radnetzspinnen bevölkern viele Lebensräume.

# Křižákovití

Nejznámější čeledí pavouků jsou křižákovití. Příslušníci této čeledi tkají typické pavučiny. V pozdním létě a na podzim propůjčují oroseným loukám jejich krásu. Křižákovití osídlují nejrůznější biotopy.

# ARANEIDAE

**Vierfleckkreuzspinne**

Křižák čtyřskvrnný

*Araneus marmoreus*

**Marmorierte Kreuzspinne**

Dieses Männchen der Marmorierten Kreuzspinne wartet versteckt unter einem Blatt darauf, dass sich etwas in seinem Netz verfängt. Mit den beiden Vorderbeinen spürt es dabei jedes noch so leichte Zupfen im Netz und kann so blitzschnell zuschlagen

**Křižák mramorovaný**

Tento sameček křižáka mramorovaného čeká ukrytý pod listem, až se něco zachytí do jeho sítě. Dvěma předníma nohama vycítí i sebemenší škubnutí v síti, aby pak mohl bleskurychle udeřit.

## *Araniella cucurbitina*

**Kürbisspinne**

Křižák zelený

*Gibbaranea omoeda*

**Sparren-Buckelkreuzspinne**

Eine Spinne mit perfekter Tarnung. Diese Radnetzspinne der Gattung Gibbaranea ist von einem Ast kaum zu unterscheiden. Gut für die Spinne. Schlecht für die Fressfeinde.

**Křižák smrkový**

Pavouk s dokonalým maskováním. Tento křížák z rodu Gibbaranea je od větve téměř k nerozeznání. Pro něj to je dobré. Špatné pro predátory.

# Jagdspinnen

Wie viele andere Arten bauen auch Jagdspinnen keine typischen Radnetze. Sie sind Lauerjäger und setzen auf Überraschungsmomente. Jagdspinnen zählen zu den größeren Vertretern der Echten Webspinnen im Böhmerwald. Da die Tiere keinen festen Standort haben, findet man sie in ganz verschiedenen Lebensräumen. Männchen sind im Frühjahr während der Suche nach einer Partnerin besonders aktiv.

# Lovčíkovití

Stejně jako mnoho jiných druhů, lovčíkovití nepředou typické pavučiny. Jsou to lovci ze zálohy. Spoléhají na moment překvapení. Lovčíkovití patří na Šumavě mezi větší zástupce pavouků z podřádu dvouplicní. Vzhledem k tomu, že nemají stálé stanoviště, je lze nalézt v nejrůznějších biotopech. Samci jsou aktivní zejména na jaře, kdy si hledají partnerku.

# PISAURIDAE

## *Pisaura mirabilis*

**Listspinne**

**Lovčík hajní**

Das Balzverhalten der Listspinne ist besonders interessant. Das Männchen bringt als Brautgeschenk Beute zum Weibchen. Das frisch gehäutete Männchen links ist gerade auf Wanderschaft. Man findet Listspinnen oft auf Wiesen, aber auch in moorartiger Umgebung mit niedriger Vegetation.

Das Weibchen rechts unten bewacht das Gelege und schützt die Jungtiere, bis sie ihre eigenen Wege gehen.

Diese Spinnen sind außerordentlich flink. Für die Jagd wird ein Netz in der Krautschicht angefertigt. Dort sitzen sie kopfüber und warten auf Beute.

Lovčík hajní má obzvláště zajímavé námluvy. Samec přináší samici jako svatební dar kořist.

Čerstvě svlečený samec úplně vlevo se potuluje po okolí. Lovčíky hajní často najdeme na loukách, ale také na rašelinných půdách s nízkou vegetací.

Samice vlevo hlídá snůšku a chrání mláďata, dokud se neosamostatní.

Tito pavouci jsou velmi hbití. Pro lov si vytvářejí síť v bylinné vegetaci. Sedí v ní hlavou dolů a čekají na kořist.

*Evarcha arcuata*

**Dunkler Sichelspringer**

Am häufigsten sieht man diese Spinne auf Wiesen und in der Krautschicht am Waldrand. Dank einer Sumpfdotterblume im Hintergrund ergab sich hier ein farbenfrohes Bild von einer nahezu schwarz-weißen Spinne. Oft sieht man diese Spinnen an Grashalmen auf- und abrennen. Sobald man sich ihnen nähert, verstecken sich die nur wenige Millimeter großen Tiere auf der Rückseite. Von dort blicken sie immer vorsichtig über den Rand und suchen nach der Bedrohung. Erst wenn sie sich sicher fühlen, klettern sie wieder auf die Vorderseite.

**Skákavka černá**

Tento pavouk se nejčastěji vyskytuje na loukách a v bylinném patře na okraji lesa. Díky blatouchu v pozadí vznikl pestrobarevný snímek téměř černobílého pavouka.Tyto pavouky můžeme často vidět, jak běhají po stéblech trávy nahoru a dolů. Jakmile se k nim přiblížíte, schovají se tato jen několik milimetrů velká zvířata na odvrácené straně. Odtud vždy opatrně vykukují a pátrají, zda už hrozba pominula. Teprve když se cítí v bezpečí, vylezou zpět a ukážou se.

*Apatura iris*

**Grosser Schillerfalter**

Batolec duhový

## *Limenitis populi*

**Grosser Eisvogel**

Bělopásek topolový

## *Aporia crataegi*

**Baum-Weissling**

Bělásek ovocný

## *Adscita statices*

**Ampfer-Grünwidderchen**

Zelenáček šťovíkový

# UNTERWEGS IM MOOR

Die Hochmoore der Nationalparke sind für extrem seltene Tiere ein wichtiger Zufluchtsort. Viele Moore wurden für den Torfabbau und mehr Holzertrag trocken gelegt und damit fast zerstört. Renaturierungsprojekte bringen sie wieder möglichst nahe an den ursprünglichen Zustand. Dahinter stecken ein hoher Zeitaufwand und viel Arbeit. Auf den bereits renaturierten Flächen zeigen sich schon viele Verbesserungen der Qualität dieser Lebensräume.

# NA RAŠELINIŠTÍCH

Vrchoviště národních parků jsou důležitým útočištěm pro velmi vzácné živočichy. Mnohá rašeliniště byla odvodněna kvůli těžbě rašeliny a snahám zvýšit výnosy z těžby dřeva, a tak byla téměř zničena. Revitalizační projekty se je snaží vrátit do původního stavu. To vyžaduje spoustu času a práce. Na místech, která byla renaturována, lze již nyní pozorovat značné zlepšení kvality těchto stanovišť.

# Dornfingerspinnen

Beim Bau des Netzes fassen die Mitglieder dieser Familie mehrere Grashalme zu einem Bündel zusammen. Die Grashalme werden dann umwebt und es bildet sich eine Art Glocke. Die Männchen gehen im Frühjahr auf Wanderschaft und sind im hohen Gras anzutreffen.

Die Weibchen bauen im Juli ein Wohngespinst für den Eikokon. Eine Zeit lang wird der Nachwuchs beschützt. Dann geht er eigene Wege.

# Zápřednicovití

Pavouci této čeledi spojí při stavbě sítě několik travních stébel do svazku, který pak kolem dokola opředou vláknem. Tím vznikne něco jako zvoneček. Samci se na jaře vydávají na cesty a lze je nalézt ve vysoké trávě.

V červenci stavějí samičky pro vajíčka kokony z pavučiny. Své potomstvo po určitou dobu chrání. A potom si jdou každý svou cestou.

# CHEIRACANTHIIDAE

## Cheiracanthium erraticum

Der Heidedornfinger im Hochmoor

Zápřednice mokřadní na vrchovišti

## *Sibianor larae*

### Rotknie-Dickbeinspringer

*Sibianor larae* gehört zu den Spinnenarten, die ich im Nationalpark Bayerischer Wald zum ersten Mal nachgewiesen habe. Diese Art wurde erst 2001 als eigenständige Art anerkannt. Besonders interessant ist das vordere Beinpaar. Es ist viel dicker als die anderen Beine. Warum das so ist, lässt sich nicht genau sagen. Bei anderen Arten mit ähnlich auffälligen Ausprägungen spielen dickere Beine oft eine Rolle beim Balzverhalten. *Sibianor larae* ist meistens auf der Unterseite von Pflanzen unterwegs.

### Skákavka *S. larae*

Skákavka *Sibianor larae* je jedním z pavouků, které jsem v Národním parku Bavorský les zaznamenal poprvé. Tento druh byl uznán jako samostatný teprve v roce 2001. Zajímavý má zejména přední pár nohou, který je mnohem silnější než ostatní nohy. Nevíme přesně, proč tomu tak je. U jiných druhů s podobnými nápadnými znaky hrají silnější nohy často roli při namlouvání. *Sibianor larae* se většinou pohybuje na spodní straně rostlin.

*Heliophanus dampfi*

**Moor-Sonnenspringer**

Auch eine sehr seltene Springspinne, die in den Hochmooren der Nationalparke zuhause ist. Alle Spinnen der Gattung Heliophanus sehen einander sehr ähnlich. Die einzelnen Arten kann man nur sehr schwierig an der Zeichnung der Beine und des Hinterleibes unterscheiden.

**Skákavka rašelinná**

Také velmi vzácná skákavka, která je doma ve vrchovištích národních parků. Všichni pavouci rodu Heliophanus vypadají velmi podobně. Jednotlivé druhy lze rozlišit pouze podle malých rozdílů ve vzoru na nohou a zadečku.

**Heide-Ringelbeinspringer**

*Euophrys petrensis* zählt mit einer maximalen Körpergröße von 2 bis 2,5 mm zu den kleinsten Springspinnen im Bayerischen Wald.
Mit dem orangen Gesicht und den schwarz-weißen Tastern ist sie eine der farbenprächtigsten Spinnen der Nationalparke. 2016 wurde diese Art zum ersten Mal im Nationalparkgebiet Bayerischer Wald nachgewiesen. Man findet sie im Frühjahr in der Sandheide und im Hochmoor. In diesem Lebensraum bewegt sie sich durch das vertrocknete Moos und jagt Beute, die noch kleiner ist als sie selbst.

**Skákavka bělovousá**

S maximální velikostí těla 2 až 2,5 mm patří skákavka bělovousá k nejmenším skákavkám na Šumavě.
Se svým oranžovým obličejem a černobílými makadly je jedním z nejbarevnějších pavouků národních parků. V Národním parku Bavorský les byl tento druh poprvé zaznamenán v roce 2016.
Na jaře se vyskytuje na písečných vřesovištích a na vrchovištích.
V tomto prostředí se pohybuje v suchém mechu a loví kořist, která je ještě menší než ona.

*Argiope bruennichi*

### Wespenspinne

Die Wespenspinne profitiert von den wärmeren Temperaturen in den letzten Jahren und hat sich immer weiter ausgebreitet. Mittlerweile findet man sie auch in den höheren Lagen der Nationalparke. Mit einer Körpergröße von bis zu 25 mm gehört sie zu den größten Radnetzspinnen in den Nationalparken.

### Křižák pruhovaný

Křižáku pruhovanému prospěly vyšší teploty v posledních letech a šíří se čím dál tím více. Vyskytuje se již i ve vyšších nadmořských výškách obou národních parků. S velikostí těla až 25 mm patří k největším křižákům obou národních parků.

## *Synageles venator*

### Schlanker Ameisenspringer

Die Ähnlichkeit mit Ameisen hilft dem Ameisenspringer, sich unbemerkt unter diesen zu bewegen. Er nutzt das zweite Beinpaar, um die Fühler der Ameisen zu imitieren. Auch das grundsätzliche Verhalten dieser Art ist dem von Ameisen ähnlich. Die Tiere laufen sehr hektisch an Großhalmen im Hochmoor auf und ab.
Ihre Hauptbeute sind aber nicht Ameisen, sondern Fliegen und andere kleine Insekten.

### Skákavka štíhlá

Díky podobnosti s mravenci se mezi nimi může skákavka štíhlá pohybovat nepozorovaně. Druhým párem nohou napodobuje tykadla mravenců. I celkové chování tohoto druhu je velmi podobné chování mravenců. Na vrchovišti horečně pobíhají po stéblech trávy nahoru a dolů. Jejich hlavní kořistí však nejsou mravenci, ale mouchy a jiný drobný hmyz.

## *Neon reticulatus*

**Wald-Krümelspringer**

Skákavka mechová

*Agonum ericeti*

**Hochmoor-Glanzflachläufer**

Der stark gefährdete Hochmoor-Glanzflachlaufkäfer ist ein Profiteur der renaturierten Hochmoore. Diese Art lebt an nur wenigen unberührten Stellen im Hochmoor. Die Käfer sind äußerst aktiv und das Torfmoos bietet bei Gefahr perfekte Verstecke.

**Střevlíček *A. ericeti***

Silně ohrožený střevlíček *Agonum ericeti* profituje z revitalizací vrchovišť. Tento druh žije pouze na několika málo nedotčených vrchovištích. Tito brouci jsou mimořádně aktivní a rašeliník jim poskytuje dokonalý úkryt v případě nebezpečí.

*Colias palaeno*

**Hochmoorgelbling**

Der Hochmoorgelbling kehrt auch mehr und mehr in die renaturierten Hochmoore zurück. Die Raupen des Falters leben an der Rauschbeere.

**Žluťásek borůvkový**

Na revitalizovaná vrchoviště se také stále častěji vrací žluťásek borůvkový. Housenky tohoto motýla žijí na vlochyni bahenní.

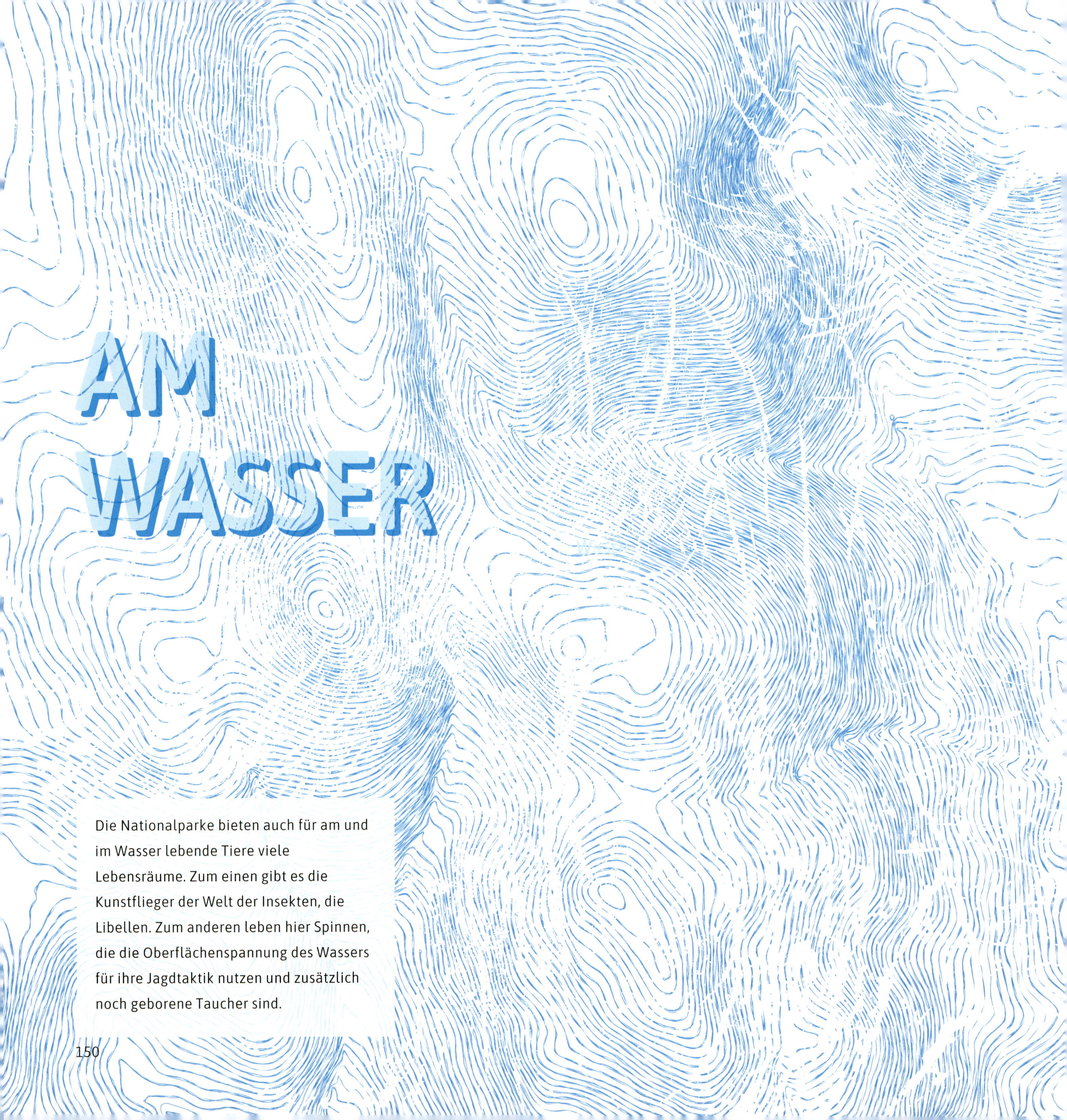

# AM WASSER

Die Nationalparke bieten auch für am und im Wasser lebende Tiere viele Lebensräume. Zum einen gibt es die Kunstflieger der Welt der Insekten, die Libellen. Zum anderen leben hier Spinnen, die die Oberflächenspannung des Wassers für ihre Jagdtaktik nutzen und zusätzlich noch geborene Taucher sind.

# U VODY

Národní parky nabízejí mnoho stanovišť také pro živočichy vázané na vodní prostředí. Nechybí na nich letečtí akrobaté hmyzího světa, vážky. Nebo pavouci, kteří při lovu využívají povrchové napětí vody a jsou i skvělými potápěči.

## Libellen

Bei der Bezeichnung „Libellen“ handelt es sich um keine Familie, sondern um eine Ordnung mit vielen verschiedenen Familien. Zum Beispiel links, die Schwarze Heidelibelle aus der Familie der Segellibellen.

Libellen sind Raubinsekten und extrem talentierte Flieger. Sie fangen ihre Beute im Flug. Die Opfer sind andere Insekten.

## Vážky

Pojem „vážky“ neoznačuje čeleď, ale řád s mnoha různými čeleďmi. Například vlevo je vážka tmavá z čeledi vážkovitých.

Vážky jsou dravý hmyz a mimořádně zdatní letci. Svou kořist chytají za letu. Jejich potravou se stává jiný hmyz.

# ODONATA

## *Cordulegaster boltonii*

**Zweigestreifte Quelljungfer**

Die Zweigestreifte Quelljungfer ist mit bis zu 11 cm Flügelspannweite und einer Länge von 8 cm eine sehr große Libelle.

**Páskovec kroužkovaný**

Páskovec kroužkovaný je s rozpětím křídel 11 cm a délkou těla 8 cm velmi velká vážka.

## *Calopteryx virgo*

**Blauflügel-Prachtlibelle**

Motýlice obecná

## *Libellula depressa*

**Plattbauch**

Vážka ploská

## *Dolomedes fimbriatus*

**Gerandete Jagdspinne**

Lovčík vodní

### Gerandete Jagdspinne

Ein besonders interessanter Vertreter der Jagdspinnen ist die Gerandete Jagdspinne. Sie kann auf der Wasseroberfläche jagen und bei Bedrohungen so lange untertauchen bis sie sich wieder sicher fühlt. Die Spinne bevorzugt die Nähe zu Gewässern. Zu ihrer Beute zählen neben am Wasser lebenden Insekten auch Kaulquappen. Die geschickten Jäger ziehen sie zum Fressen an Land.

### Lovčík vodní

Zvláště zajímavým zástupcem lovčíkovitých je lovčík vodní. Dokáže lovit na vodní hladině. V případě ohrožení se ponoří, dokud se necítí opět v bezpečí. Žije v blízkosti vod. Jeho kořistí je hmyz žijící u vody a také pulci. Šikovný lovec vysává úlovek na břehu.

*Rana temporaria*

**Grasfrosch**

**Skokan hnědý**

*Elaphrus cupreus*

### Kupferfarbener Uferläufer

Der Kupferfarbene Uferläufer ist aus der Entfernung betrachtet ein eher unscheinbarer kleiner Laufkäfer. Auf den zweiten Blick wird das ungewöhnliche Muster mit den blauen Punkten sichtbar. Als Lebensraum reichen diesem Käfer oft schon Reifenspuren, in denen sich Wasser gesammelt hat. Wie alle Laufkäfer ist auch diese Art äußerst flink unterwegs.

### Pobřežník mědobarvý

Při pohledu zdálky je pobřežník mědobarvý poměrně nenápadným broučkem. Na druhý pohled je však patrná neobvyklá kresba s modrými tečkami. Jako stanoviště mu často postačí vyjeté koleje naplněné vodou. Stejně jako všichni střevlíkovití je i tento druh velmi hbitý.

# VERSTECKT IM WALD

Das Totholz in den Tiefen der Nationalparke Bayerischer Wald und Šumava ist ein wichtiger Zufluchtsort für Lebewesen. Käfer und andere Insekten sind darauf angewiesen.

# SCHOVANÍ V LESE

Tlející dřevo v hloubi národních parků Bavorský les a Šumava je důležitým útočištěm různých organismů. Jsou na něm závislí brouci a další hmyz.

Die Larven der Schröter entwickeln sich im toten Holz. Man findet sie dort häufig an schwül-warmen Tagen und in Frühjahrs- und Sommernächten. Die Männchen erkennt man an den größeren Mundwerkzeugen.

## ROHÁČOVITÍ

Larvy roháčovitých se vyvíjejí v tlejícím dřevě. Často je zde najdeme v horkých a vlhkých dnech a za jarních a letních nocí. Samečky lze poznat podle větších kusadel.

# LUCANIDAE

## *Platycerus caraboides*

**Kleiner Rehschröter**

Roháček kovový

*Sinodendron cylindricum*

**Kopfhornschröter**

Oft laufen diese Käfer an warmen Tagen auf weißfauler Buche auf und ab. Durch die großen Bohrlöcher erkennt man leicht, ob sie sich in einem toten Baum ausgebreitet haben.

**Ráček bukový**

V teplých dnech tito brouci často běhají sem a tam po ztrouchnivělém buku. Velké otvory prozrazují, zda se roháček v odumřelém stromě usadil.

*Philodromus margaritatus*

**Grosser Rindenflachstrecker**

Farblich können diese Spinnen aus der Familie der Flachstecker sehr unterschiedlich sein. Oben sieht man die ausgezeichnete Tarnung eines Männchens und rechts ist ein Weibchen abgebildet.

**Listovník plochý**

Tito pavouci z čeledi listovníkovitých se mohou barevně velmi lišit. Nahoře je vidět vynikající maskování samce, vpravo je vyfocena samice.

Hier sind noch einmal zwei Weibchen von *Philodromus margaritatus* zu sehen. Sie haben wieder sehr unterschiedliche Musterungen. Das rechte Tier ist jünger.

Zde jsou další dvě samice listovníka plochého. I tentokrát mají velmi odlišné vzory. Samice vpravo je mladší.

*Araniella alpica*

### Wipfel-Kürbisspinne

Ein wunderschönes Männchen zeigt sich in seiner vollen Farbenpracht. Vermutlich ist es auf der Suche nach dem Weibchen, das nur ein paar Äste weiter in seinem Versteck sitzt.

### Křižák horský

Krásný samec se předvádí v celé své pestré kráse. Pravděpodobně hledá samici, která sedí schovaná jen o pár větví dál.

## *Gibbaranea gibbosa*

**Grüne Buckelkreuzspinne**

Křižák hrbatý

## Araneus diadematus

### Gartenkreuzspinne

Das wahrscheinlich bekannteste Mitglied der Familie der Radnetzspinnen ist die Gartenkreuzspinne. Ab Juli sieht man sie so gut wie überall. Ob auf Wiesen, in Wäldern oder zu Hause im Garten, spätestens im August sind die Gartenkreuzspinnen allgegenwärtig.

### Křižák obecný

Pravděpodobně nejznámějším zástupcem čeledi křižákovitých je křižák obecný. Od července se s ním můžeme setkat téměř všude. Ať už na loukách, v lesích nebo doma na zahradě, nejpozději v srpnu jsou křižáci obecní všudypřítomní.

## *Araneus nordmanni*

**Bergfichten-Kreuzspinne**

Dies ist die seltenste Radnetzspinne des Böhmerwaldes. In ganz Europa ist diese Spinne nur an einer Handvoll Standorte zu finden. Dabei handelt es sich meist um Nordhänge oder Gebiete mit Kaltluftströmen.

Im Gegensatz zu den meisten Radnetzspinnen sitzen Araneus normanni nur als Jungtiere in der Mitte des Netzes. Bei ausgewachsenen Exemplaren wurde das nur selten beobachtet.

**Křižák Nordmannův**

Jedná se o nejvzácnějšího šumavského křižáka. V celé Evropě se tento pavouk vyskytuje pouze na několika málo lokalitách. Většinou se jedná o severní svahy nebo oblasti se studeným vzdušným prouděním.

Na rozdíl od většiny křižákovitých sedí křížák Nordmannův uprostřed pavučiny pouze jako dospívající jedinec. Dospělé jedince můžeme takto pozotrovat jen zřídka.

Diese Art nutzt häufig einen Signalfaden. Er wird zwischen der Mitte des Netzes und dem Versteck der Spinne am Baum gespannt. Die Netze befinden sich bis auf wenige Ausnahmen mindestens einen Meter über dem Boden. Sie werden zwischen den abgestorbenen Ästen von Fichten gesponnen.

Tento druh často používá signální vlákno. To je nataženo od středu pavučiny k pavoučímu úkrytu na stromě. Až na výjimky jsou pavučiny umístěny nejméně jeden metr nad zemí a spředeny mezi odumřelými větvemi smrků.

## *Carabus auronitens*

**Goldglänzende Laufkäfer**

Střevlík zlatolesklý

## *Carabus linnei*

**Bergwaldlaufkäfer**

Střevlík Linnéův

## *Neodasyscypha cerina*

**Wachsgelbes Haarbecherchen**

Pachlupáček nazelenalý

## *Postia ptychogaster*

**Weisser Polsterpilz**

**Bělochoroš pýchavkovitý**

## *Antrodiella citrinella*

**Zitronengelbe Weissfäule-Tramete**

Ein extrem seltener Pilz in den urwaldähnlichen Wäldern der Nationalparke ist die Zitronengelbe Weißfäule-Tramete. Man findet diesen Pilz in Europa nur an sehr wenigen Standorten. Er wächst meistens auf totem Fichtenholz in Gemeinschaft mit dem Rotrandigen Fichtenporling. Die Zitronengelbe Weissfäule-Tramete tritt erst in den späten Stadien der Holzzersetzung auf

**Outkovečka citronová**

Mimořádně vzácnou houbou pralesovitých lesů národních parků je outkovečka citronová. Tato houba se v Evropě vyskytuje jen na několika málo lokalitách. Obvykle roste na tlejícím smrkovém dřevě společně s troudnatcem pásovaným. Outkovečka citronová se objevuje až v pozdějších stadiích tlení dřeva.

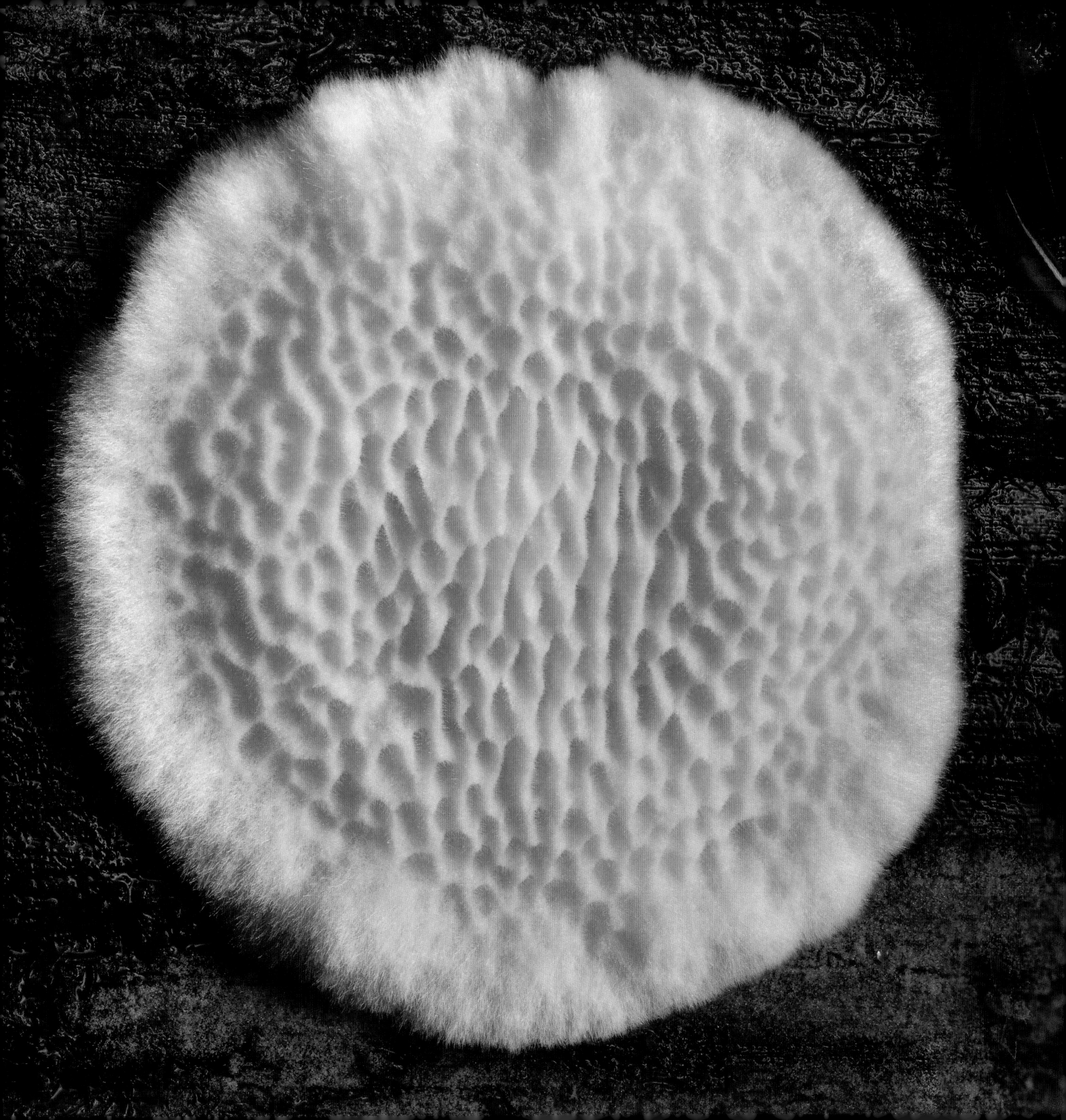

## *Stropharia aeruginosa*

**Grünspanträuschling**
Ein besonders leuchtendet Pilz, den man im Sommer und Spätherbst entdecken kann.

**Límcovka měděnková**
Obzvlášť zářivá houba, kterou lze objevit od léta do pozdního podzimu.

*Boletus edulis*

**Steinpilz**

Hřib smrkový

*Strobilomyces strobilaceus*

**Strubbelkopfröhrling**

Šiškovec černý

## *Armillaria sp.*

**Hallimasche**

Václavky

*Mycena renati*

## Gelbfüssiger Helmling

## Helmovka medonohá

# RELIKTE

Die beiden Nationalparke beherbergen verschiedene Reliktarten. Zum einen gibt es die „16 Urwaldrelikte". Das sind Käfer, die nur in Wäldern mit Urwaldstruktur zu finden sind. Einige von ihnen waren mehrere Jahre lang verschollen. Zum anderen gibt es die Glazialrelikte. Das sind Lebewesen, die sich während der letzten Kaltzeit ausgebreitet haben. Als das Klima wieder wärmer wurde, haben sie sich in kältere Regionen zurückgezogen oder sind an den wenigen Stellen geblieben, die ihren Anforderungen entsprechen.

# RELIKTY

V národních parcích se dochovaly různé reliktní druhy. Za prvé zde bylo nalezeno 16 pralesních reliktních druhů brouků. Jedná se o brouky, kteří se vyskytují pouze v lesích s pralesovitou strukturou. Některé z nich už byly považovány za vymřelé. Za druhé jsou zde glaciální relikty. To jsou druhy, které se rozšířily během poslední doby ledové. Když se klima opět oteplilo, stáhly se do chladnějších oblastí nebo zůstaly na několika málo místech, na kterých dokáží žít.

## Ditylus laevis

Dieses äußerst seltene Urwaldrelikt wurde in Deutschland zum letzten Mal in den 90er Jahren des vergangenen Jahrhunderts nachgewiesen. Erst zwei Jahrzehnte später wurde es wieder im Nationalpark Bayerischer Wald entdeckt.

Tento mimořádně vzácný pralesní relikt byl v Německu naposledy nalezen v 90. letech 20. století. Teprve o dvě desetiletí později byl znovu objeven v Národním parku Bavorský les.

*Peltis grossa*

### Rauer Flachkäfer

113 lange Jahre galt der Raue Flachkäfer als ausgestorben. 2019 wurde er im Nationalpark Bayerischer Wald wieder entdeckt. Etwas schneller war man im Nationalpark Šumava. Dort ist das "16. Urwaldrelikt" schon 2018 in einer Borkenkäferfalle gelandet. Die Rauen Flachkäfer leben am Rotrandigen Fichtenporling und am Zunderschwamm. Sie sind nachtaktiv. Mit etwas Glück kann man sie auch tagsüber beobachten.

### Kornatec velký

Už 113 let byl kornatec velký považován za vyhynulý druh. V roce 2019 byl znovu objeven v Národním parku Bavorský les. V Národním parku Šumava to bylo o něco dříve. Tento 16. pralesní relikt tam přistál v kůrovcovém lapači již v roce 2018. Kornatci velcí žijí na troudnatci pásovaném a kopytovitém. Jedná se o převážně noční živočichy. Při troše štěstí je však můžete pozorovat i ve dne.

## *Derodontus macularis*

*Derodontus macularis* lebt in Baumschwämmen in Gebirgswäldern.

*Derodontus macularis* žije v troudnatcích v horských lesích.

## *Mycetoma suturale*

Ein Urwaldrelikt aus den Bergmischwäldern. Es entwickelt sich am Schwarzgebänderten Harzporling.

Pralesní relikt smíšených horských lesů. Množí se na smolokorce pryskyřičnaté.

*Ceruchus chrysomelinus*

**Rindenschröter**

An besonders warmen und schwülen Tagen wandert der Rindenschröter im urwaldähnlichen Wald auf rotfaulem Holz auf und ab. Die Rindenschröter gehören zur selben Familie wie der um vieles größere Hirschkäfer. Beide Exemplare lieben den Kampf vor der Paarungszeit.

**Roháček jedlový**

Za obzvlášť teplých a vlhkých dnů pobíhá v pralesovitých lesích roháček jedlový sem a tam po červeném ztrouchnivělém dřevě. Roháček patří do stejné čeledi jako mnohem větší roháč obecný. Oba druhy milují souboje v době páření.

## *Pardosa sordidata*

**Greisen-Laufwolf**

Bei diesen beiden Spinnen handelt es sich um Glazialrelikte.
Diese Arten breiteten sich während der letzten Kaltzeit aus. Die Tiere begaben sich zunächst in tiefere Lagen und wanderten mit der folgenden Erwärmung wieder zurück in kältere Regionen.
So entstanden einzelne „Inseln", in denen man die Glazialrelikte noch immer finden kann.

**Slíďák bezpruhý**

Tito dva pavouci jsou glaciálními relikty. Rozšířili se během poslední doby ledové. Nejprve se přesunuli do nižších nadmořských výšek a s následným oteplením migrovali zpět do chladnějších oblastí. Vznikly tak jednotlivé „ostrovy", na kterých se tyto glaciální relikty dodnes vyskytují.

## *Acantholycosa norvegica sudetica*

**Blockhalden-Stachelwolf**

Wie der Name verrät, bewohnt diese Wolfsspinne Blockhalden und kommt damit auch in den höchsten Lagen der Nationalparke vor. Die Art ist auf sonnenreiche Flächen angewiesen.

**Slíďák ostnonohý**

Jak už název napovídá, jsou jeho nohy porostlé dlouhými chloupky připomínajícími ostny. Obývá kamenná moře, a to i v nejvyšších nadmořských výškách národních parků. Je vázán na osluněná místa.

## *Attulus atricapillus*

**Gipfelhockling**

Eine der seltensten Springspinnen Europas. Auch diese Spinne zählt zu den Glazialrelikten.

**Skákavka černovlasá**

Jedna z nejvzácnějších skákavek v Evropě. Také tento pavouk je glaciálním reliktem.

# DIE WELT DER SCHLEIMPILZE

Obwohl diese vielfältigen Organismen als Schleimpilze bezeichnet werden, teilen sie nur einige Eigenschaften mit echten Pilzen.

Myxomyceten sind eine eigenständige Gruppe von Organismen. Es handelt sich bei ihnen um ein einzelliges, aber kerniges Lebewesen. Schleimpilze teilen Eigenschaften mit Pilzen, Tieren, Bakterien und Einzellern. Sie können aber keiner dieser Gruppen eindeutig zugeordnet werden. Der Lebenszyklus eines Myxomyceten beginnt als Spore, die bei passenden Bedingungen keimt. Schleimpilze benötigen vor allem Feuchtigkeit. Durch die Keimung entstehen die sogenannten Myxamöben. Sie können sich zum Beispiel auf Totholz frei bewegen. Sie ernähren sich von Bestandteilen echter Pilze, Bakterien oder anderen auf der Oberfläche gelösten Stoffen. Die Myxamöbe entwickelt sich weiter zum sogenannten Plasmodium. In diesem Stadium nimmt das Wachstum des mehrkernigen Organismus an Fahrt auf. Auch in diesem Stadium kann sich der Myxomycet fortbewegen, weil er nicht fest verwurzelt ist. Bei günstigen Umweltbedingungen, welche von Art zu Art unterschiedlich sein können, bildet der Myxomycet Fruchtkörper aus. Sie haben von Art zu Art sehr unterschiedliche Formen und Farben. Die Fruchtkörper setzen nun wieder Sporen frei und der Kreislauf kann von vorne beginnen. Die Nationalparke Bayerischer Wald und Šumava bieten mit ihren schon lange unberührten Wäldern einen perfekten Lebensraum für eine Vielzahl dieser beeindruckenden Lebewesen.

# SVĚT HLENEK

Ačkoli mohou tyto rozmanité organismy připomínat houby, s pravými houbami mají společné jen některé znaky.

Vlastní hlenky jsou samostatnou skupinou organismů. Jsou to jednobuněčné organizmy, které mají nejdříve jedno a později více jader. Hlenky mají společné vlastnosti s houbami, živočichy, bakteriemi a prvoky. Nelze je však jednoznačně přiřadit k žádné z těchto skupin. Jejich životní cyklus začíná jako výtrus, který za vhodných podmínek vyklíčí. K vyklíčení vyžadují hlenky především vlhkost. Klíčením vznikají tzv. myxoaméby. Ty se mohou volně pohybovat například na tlejícím dřevě. Živí se houbami, bakteriemi nebo jinými látkami rozpuštěnými na povrchu substrátu, po kterém se hlenky pohybují. Myxoaméba se dále vyvíjí v tzv. plazmodium. V této fázi nabírá růst mnohojaderného organismu na rychlosti. Také v tomto stadiu se hlenka může pohybovat, protože není pevně zakořeněná. Za příznivých podmínek, které se mohou u jednotlivých druhů lišit, vytvářejí hlenky plodnice. Ty mají u jednotlivých druhů velmi odlišné tvary a barvy. Plodnice uvolňují výtrusy a cyklus může začít znovu. Národní parky Bavorský les a Šumava se svými dlouho nedotčenými lesy nabízejí ideální prostředí pro výskyt řady těchto působivých tvorů.

## *Trichia decipiens*

**Rotköpfiger Schleimpilz**

Vlasatka klamná

*LEPIDODERMA TIGRINUM*

*Stemonitis axifera*

Gemeines Fadenkeulchen

Pazderek osový

*Physarum viride*

**Goldenes Stielkügelchen**

Vápenatka zelená

*Trichia botrytis*

Gefelderter Haarstäubling

Vlasatka hroznatá

CRIBRARIA MACROCARPA

*Physarum sp.*

**Wollkugelschleimpilz**

Větvenka černá

## *Lamproderma sp.*

Die Art mancher Schleimpilze kann nur über die Sporen bestimmt werden. Sicher ist, dass es sich hier um ein Mitglied der Familie Lamproderma handelt. An den beiden Bildern oben und rechts sind die unterschiedlichen Entwicklungsstadien dieser Art sehr schön zu erkennen.

Některé druhy hlenek lze určit pouze podle výtrusů. Je však jisté, že se zde jedná o příslušníka rodu lesklokožek. Na horním a pravém obrázku jsou zachycena různá vývojová stádia tohoto druhu.

*Stemonitopsis typhina*

## Glänzendes Fadenkeulchen

Pazderek orobincový

# FICHTEN-TOTHOLZ

Die Tiefen des Waldes sind Zufluchtsorte für viele Lebewesen. Käfer und andere Insekten sind auf das Totholz in den Nationalparken angewiesen. Es ist für sie wie eine „Arche Noah“.

# SMRKOVÉ TLEJÍCÍ DŘEVO

V hloubi lesa se nachází útočiště mnoha obyvatel. Na tlejícím dřevě v národních parcích jsou závislí brouci a další hmyz. Je to pro ně něco jako „Noemova archa".

*Acantholycosa lignaria*

**Totholz-Stachelwolf**

Einer der typischen Bewohner, den man entlang der Wanderwege in den alten Windwurfflächen beobachten kann. Die Art ist wegen des Rückgangs ihres natürlichen Lebensraumes stark gefährdet. Im Frühjahr laufen die Männchen auf der Suche nach Weibchen auf bereits umgefallenen Stämmen auf und ab. Angelockt werden sie dabei von den Pheromonen der Weibchen. Haben sie sich gefunden, beginnt das Männchen mit dem Balztanz.

**Slíďák dřevomilný**

Je to jeden z typických obyvatel lesů s odumřelým stromovým patrem, kterého lze pozorovat v polomech podél turistických stezek. Kvůli úbytku jeho přirozeného prostředí je tento druh silně ohrožený. Na jaře lze pozorovat samce, kteří pobíhají po padlých kmenech a hledají samičky. Samice samce lákají pomocí feromonů. Když se potkají, samec zahájí zásnubní tanec.

# *Acantholycosa lignaria*

**Totholz-Stachelwolf**

Slíďák dřevomilný

ATTULUS TEREBRATUS

**RINDENHOCKLING**

*Attulus terebratus* ist in Deutschland an nur acht Plätzen nachgewiesen. Mit einem Eintrag in der Roten Liste als „Kategorie 2: Stark gefährdet" ist sie eine der selteneren Spinnen der Nationalparke. Tote Bäume sind ihr bevorzugter Aufenthaltsort. Ihre Zeichnung ist eine perfekte Tarnung. Deshalb ist sie nur sehr schwer zu entdecken.

**SKÁKAVKA PLOTNÍ**

Skákavka plotní byla v Německu zaznamenána pouze na osmi místech. V červeném seznamu je zařazena do kategorie ohrožený taxon, a patří tak mezi vzácnější pavouky národních parků. Jejím oblíbeným stanovištěm jsou odumřelé stromy. Její zbarvení jí poskytuje dokonalé maskování. Proto je velmi obtížné ji objevit.

**BEHAARTER HOCKLING**

Eine häufig vorkommende Springspinne. Sie bevorzugt warme, felsige Oberflächen und Flächen auf denen Totholz liegt. Die Art ist sehr scheu und versteckt sich bei Gefahr sofort unter einem schützenden Felsen.

**SKÁKAVKA OKENNÍ**

Běžně se vyskytující běžná skákavka, která dává přednost teplým kamenitým povrchům a místům s tlejícím dřevem. Tento druh je velmi plachý a při ohrožení se hned ukrývá pod kameny.

## *Sitticus saxicola*

**Felsen-Berghockling**

Eine sehr seltene Springspinne, welche meistens im Totholz, aber auch am Waldrand zu finden ist.

**Skákavka masková**

Velmi vzácná skákavka, kterou lze většinou nalézt na odumřelém dřevě, ale i na okraji lesa.

# DANK

Ein herzliches Dankeschön an alle Freunde und Helfer, die zur Entstehung dieses Bandes durch Bereitstellung von Informationen, Rückmeldungen und Inspirationen beigetragen haben.

Lukas Haselberger

Ein Fotograf auf Augenhöhe mit den kleinsten Lebewesen der Nationalparke Bayerischer Wald und Šumava. Das ist der 1997 geborene Lukas Haselberger. Die Natur der Nationalparke ist ihm von klein auf vertraut. Er ist in Finsterau in unmittelbarer Nähe zur ehemaligen Staatsgrenze aufgewachsen. Seit er mit 11 Jahren seine erste Kamera geschenkt bekommen hat, zieht er auf der Suche nach seltenen Tieren und Pflanzen durch die Wälder. Mit dem ganz besonderen Gefühl für Stimmungen und richtige Momente.

Aus Verbundenheit mit der Heimat im heutigen Erweiterungsgebiet des Nationalparks Bayerischer Wald hat Lukas Haselberger das Masterstudium an der Technischen Hochschule Deggendorf mit einem Projekt über Finsterau und Mauth abgeschlossen. Daraus ist sein erstes Buch „Zwischen Holz und Stein – Das Leben an der bayerisch-böhmischen Grenze" entstanden.

Im September 2023 erhielt Lukas Haselberger den Förderpreis des Landkreises Freyung-Grafenau: „Ein Fotograf, Makrofotograf und Spurensucher voller Tatendrang und Visionen. Fasziniert von der Schönheit des Sichtbaren und der Ästhetik des Unsichtbaren in der Natur", so Laudator Karl-Heinz Reimeier.

Der Deutsch-Tschechische Zukunftsfonds in Prag ermöglicht durch eine Förderung die Veröffentlichung des Buches „Verborgene Welten der Nationalparke Bayerischer Wald und Šumava". Eine weitere Auszeichnung für Lukas Haselberger.

# PODĚKOVÁNÍ

Srdečné díky všem přátelům a pomocníkům, kteří přispěli k vytvoření tohoto svazku informacemi, zpětnou vazbou a inspirací.

Fotograf z očí do očí nejmenším tvorům v národních parcích Bavorský les a Šumava. To je Lukas Haselberger, narozený v roce 1997. Přírodu národních parků důvěrně zná již od útlého věku. Vyrůstal ve Finsterau v bezprostřední blízkosti státní hranice. Od 11 let, kdy dostal svůj první fotoaparát, putuje po lesích a hledá vzácné živočichy a rostliny. Má mimořádný cit pro atmosféru a správný okamžik.

Kvůli lásce k jeho domovu v oblasti posledního rozšíření Národního parku Bavorský les, zakončil Lukas Haselberger magisterské studium na Technickém institutu v Deggendorfu projektem o Finsterau a Mauthu. Výsledkem byla jeho první kniha „Mezi dřevem a kamenem – Život na bavorsko-českém pomezí".

V září 2023 obdržel Lukas Haselberger cenu okresu Freyung-Grafenau: „Fotograf, makrofotograf a stopař plný elánu a vizí. Fascinován v přírodě krásou viditelného a estetikou neviditelného," uvedl laudátor Karl-Heinz Reimeier.

Vydání knihy „Skryté světy národních parků Bavorský les a Šumava" umožnil finanční podporou Česko-německý fond budoucnosti v Praze. Pro Lukase Haselbergera je to další ocenění.

Lukas Haselberger

Zwischen Holz und Stein

Das Leben an der bayerisch-böhmischen Grenze

21 x 29,7 cm, 160 Seiten, Hardcover: 29,80 €
978-3-947171-27-9

Das Erweiterungsgebiet des Nationalparks Bayerischer Wald. Lukas Haselberger zeigt es in allen Varianten.

Auf seinen Touren ist Lukas Haselberger auf den alten Wegen der Waldarbeiter unterwegs und stößt oft auf Reste von alten Bauwerken. So ist die Idee für diesen Fotoband entstanden. Er präsentiert Landschaftsbilder, Aufnahmen von Tieren und Pflanzen und gibt Einblicke in die Geschichte der Orte.

Wo die Natur Menschenwerk zurückerobert, drückt er auf den Auslöser. Der getarnte Raufußkauz entgeht ihm nicht. Momentaufnahmen einer Landschaft, die Nationalpark werden durfte.

Nová část Národního parku Bavorský les. Lukas Haselberger ji ukazuje ve všech jejích variantách.

Lukas Haselberger se při svých cestách vydává po starých cestách lesních dělníků a často naráží na zbytky starých budov. Tak vznikl nápad na tuto fotografickou knihu. Přináší snímky krajiny, obrázky zvířat a rostlin a dává nahlédnout do historie těchto míst.

Tam, kde se příroda znovu hlásí k lidskému dílu, mačká spoušť fotoaparátu. Neunikne mu ani maskovaný sýc rousný. Momentky krajiny, která se směla stát národním parkem.

---

Verborgene Welten / Skryté Světy

Bilder, Gestaltung und Satz: / Fotografie, grafika a sazba: Lukas Haselberger
Textliche Mitarbeit und Übersetzung ins Tschechische: / Spolupráce na textu a překlad do češtiny: Pavel Bečka
Textliche Mitarbeit und Lektorat: / Spolupráce na textech a jejich editace: Hannelore Hopfer, Andrea Voggenreiter, Martina Řehořová, Pavla Čížková
1. Auflage 2024, ISBN: 978-3-947171-49-1, www.lichtland.eu